Ohne Grafik

Einen 43 Einheiten langen Streifen aus 11/0 Perlen im Cubic-Right-Angle-Weave (CRAW) fädeln (siehe auch Basisanleitung auf Seite 20), den Draht (Memory Wire) vorsichtig hineinschieben und mit einer 44. Einheit zum Ring schließen. Dabei unbedingt darauf achten, dass der Streifen nicht verdreht ist.

Grafik 1

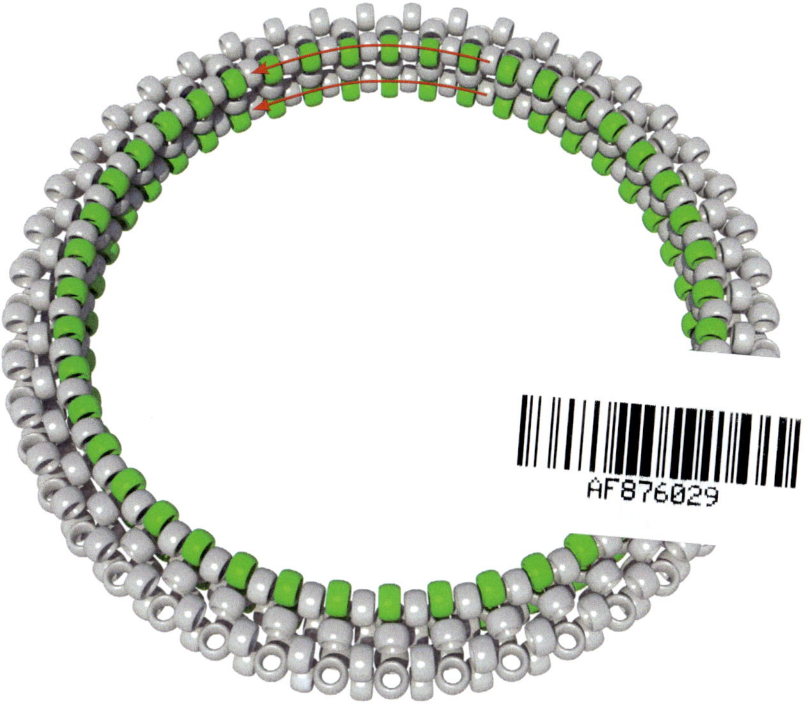

Grafik 1

An beiden inneren Rändern zwischen die 11/0 Perlen jeweils 44x je 1x 11/0 Perle fädeln.

Den Faden zur Sicherung einmal kurz vernähen aber nicht abschneiden! Am Ende kommt die Nadel aus einer neu hinzugefügten 11/0 Perle heraus.

Grafik 2

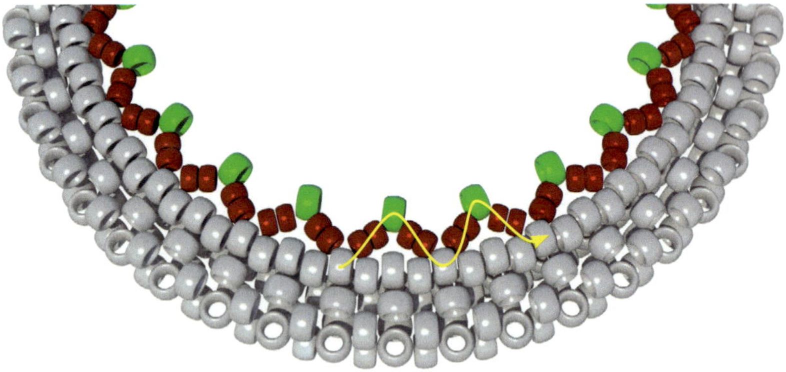

Grafik 2

* 2x 15/0, 1x 11/0 und 2x 15/0 Perlen aufnehmen und durch die übernächste in Grafik 1 hinzugefügte 11/0 Perle fädeln. Ab * noch 21 weitere Male wiederholen; am Ende kommt die Nadel aus der zuerst hinzugefügten 11/0 Perle heraus.

Hinweis: Ich achte sehr darauf, dass die 5er-Gruppen wirklich so wie in der Grafik ausssehen, also die 11/0 Perle als Spitze in der Mitte.

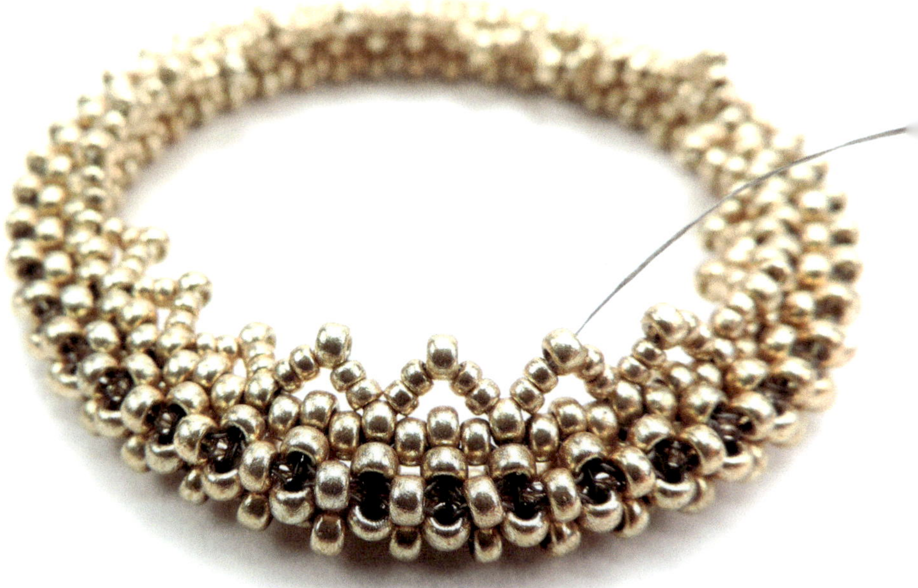

Grafik 3

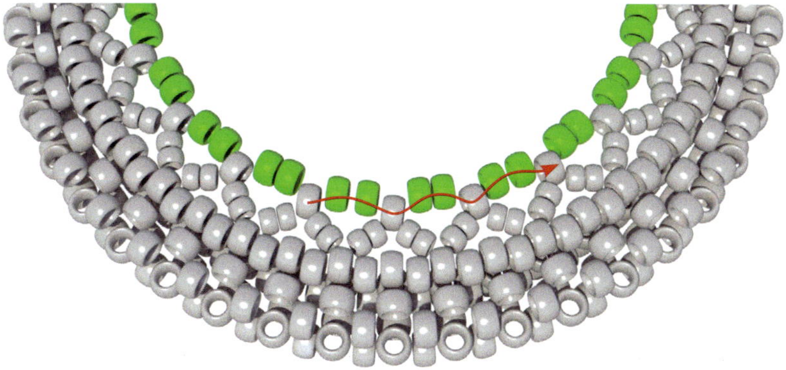

Grafik 3
* 2x 11/0 Perlen aufnehmen und durch die nächste 11/0 Perle des nächsten Bogens fädeln. Ab * noch 21 weitere Male wiederholen; am Ende kommt die Nadel aus der zuerst hinzugefügten 2er-Gruppe heraus.
<u>Hinweis:</u> Um die Fadenspannung zu sichern kann der Fadenlauf wiederholt werden.

Wo ist vorn und wo ist hinten?
Offensichtlich bin ich da zu keinem endgültigen Ergebnis gekommen, denn in Grafik 2 und 3 ist der „Rand“ unten, in Grafik 4 und 5 oben und dann wende ich wieder. Letztendlich spielt es keine Rolle, jedoch lege ich den Stein immer so ein, dass die Schmuckseite des Rivoli im Rand liegt und die Rückseite des Rivoli auf der flachen Rückseite des Anhängers (siehe auch Foto auf der letzten Seite). Wenn ein transparenter Rivoli verwendet wird, ist es völlig egal.

Grafik 4

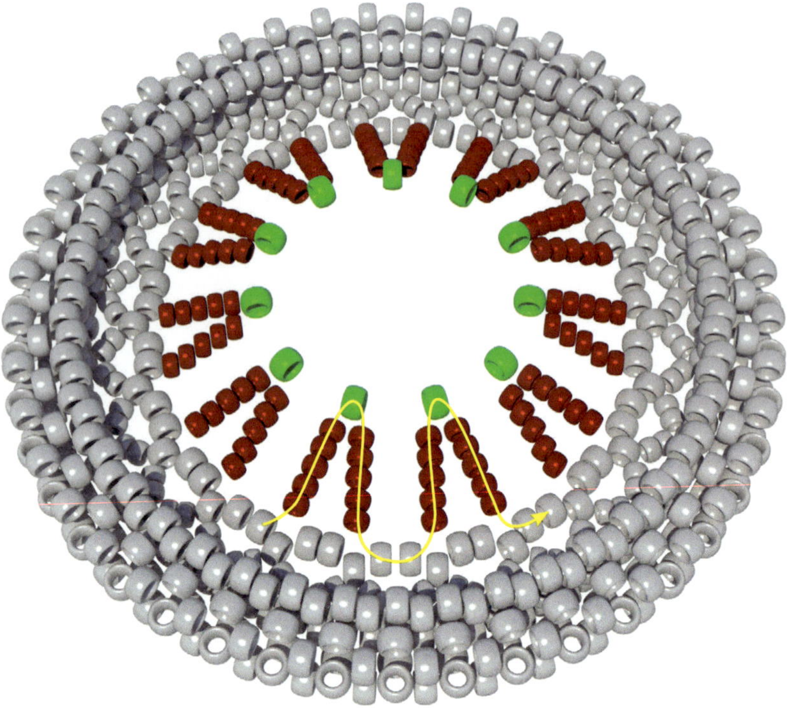

Grafik 4

* 5x 15/0, 1x 11/0 und 5x 15/0 Perlen aufnehmen und durch die übernächste 2er-Gruppe fädeln. Ab * noch 10 weitere Male wiederholen; am Ende kommt die Nadel aus der zuerst hinzugefügten 11/0 Perle heraus.

Grafik 5

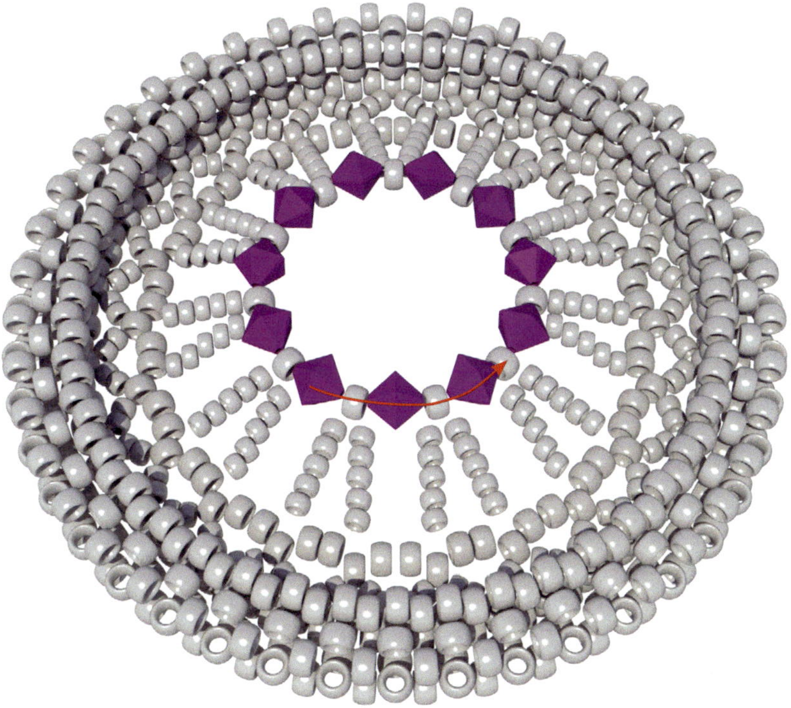

Grafik 5

* 1x Doppelkegel 4 mm aufnehmen und durch die nächste 11/0 Perle fädeln. Ab * noch 10 weitere Male wiederholen und dann den Fadenlauf nochmals wiederholen. Dies ist die Vorderseite der Einfassung.

So vorfädeln, dass die Nadel aus einem noch nicht verwendeten Paar 11/0 Perlen (in Grafik 3 hinzugefügt) herauskommt. Die Arbeit wenden; es geht auf der Rückseite weiter (die Seite mit dem Rand ist vorne, siehe Grafik).

Grafik 6

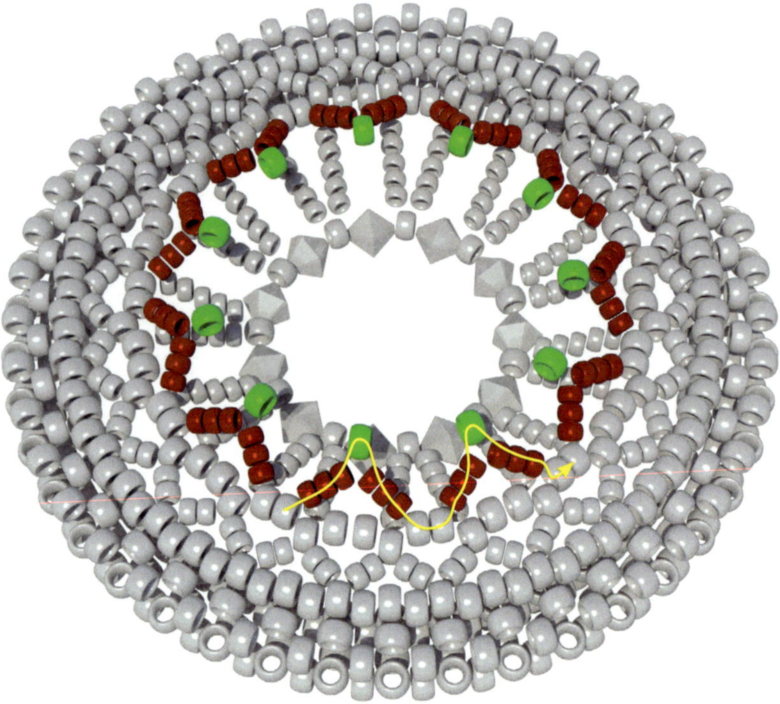

Grafik 6

* 3x 15/0, 1x 11/0 und 3x 15/0 Perlen aufnehmen und durch die übernächste 2er-Gruppe aus 11/0 Perlen fädeln. Ab * noch 10 weitere Male wiederholen; am Ende kommt die Nadel aus der zuerst hinzugefügten 11/0 Perle heraus.

Grafik 7

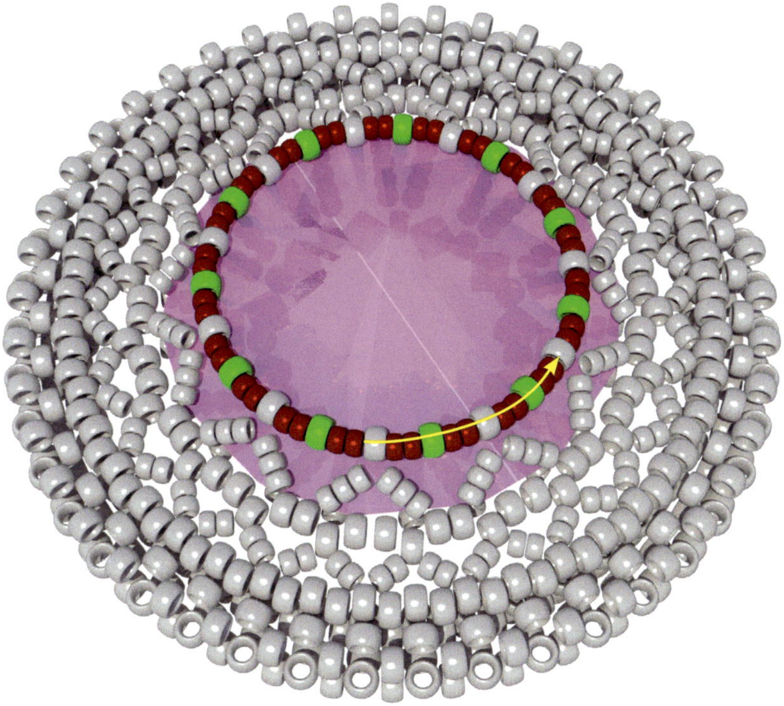

Grafik 7
* 2x 15/0, 1x 11/0 und 2x 15/0 Perlen aufnehmen und durch die nächste 11/0 Perlen fädeln. Ab * noch 10 weitere Male wiederholen und dabei den Rivoli mit dem Gesicht nach unten einlegen. Diese Runde noch zwei weitere Male durchfädeln; am Ende kommt die Nadel aus einer neu hinzugefügten 11/0 Perle heraus.
Hinweis: Je nachdem welche Perlenfarbe bzw. -finish verwendet wird kann hier eine andere Anzahl nötig sein. Z.B. 1x 15/0, 3x 11/0 und 1x 15/0 Perle oder 3x 11/0 Perlen.
Hinweis: Wird ein transparenter Rivoli verwendet, kann die Rückseite hier beendet werden. Zum Schutz einer Folierung kann aber der nächste Schritt gearbeitet werden, dann ist die Rückseite geschlossen.

Grafik 8

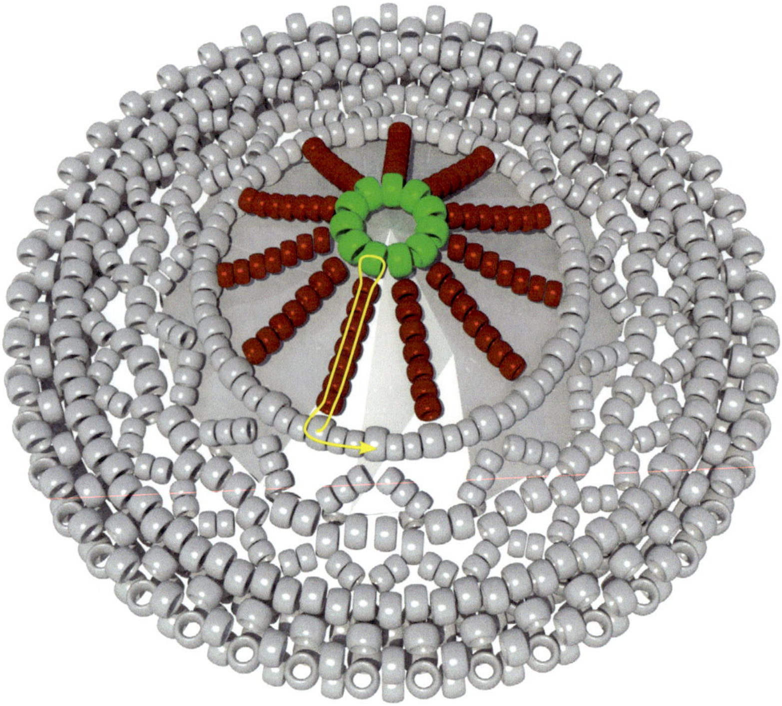

Grafik 8 (optional)

* 7x 15/0 und 1x 11/0 Perle aufnehmen, die 11/0 Perle auslassen und zurück durch die 7er-Gruppe und weiter durch die 11/0 Perle fädeln, aus der der Faden kommt. Zur übernächsten 11/0 Perle vorfädeln. Ab * noch 10 weitere Male wiederholen; am Ende kommt die Nadel aus der zuerst hinzugefügten 11/0 Perle heraus.

Ohne Grafik

Durch alle 11 11/0 Perlen in der Mitte fädeln.

Grafik 9

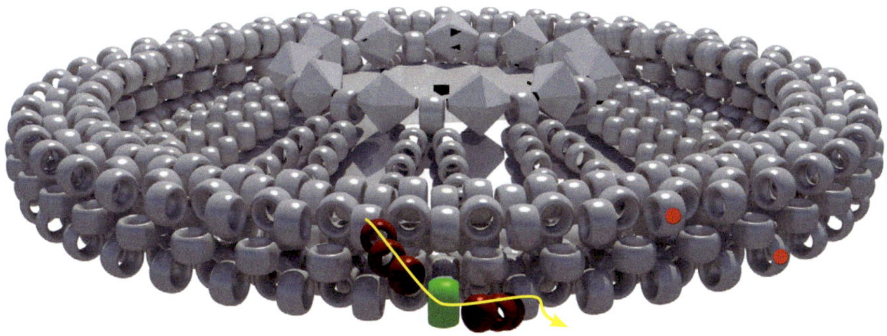

Grafik 9
So vorfädeln, dass die Nadel aus einer 11/0 Perle am Rand des CRAW-Rings herauskommt.
* 3x 15/0, 1x 11/0 und 3x 15/0 Perlen aufnehmen und durch die übernächste 11/0 Perle am anderen Rand fädeln. Ab * noch 21 weitere Male wiederholen. Die zu durchfädelnden 11/0 Randperlen sind teilweise in der Grafik mit Punkten markiert.
Am Ende schlängelt sich eine Linie aus Perlen um den Rand herum und die Nadel kommt zuletzt aus der Perle heraus, an der der Schritt begann (siehe auch Grafik 9a).
So vorfädeln, dass die Nadel aus der mit einem gelben Punkt markierten Perle herauskommt.

Grafik 9a

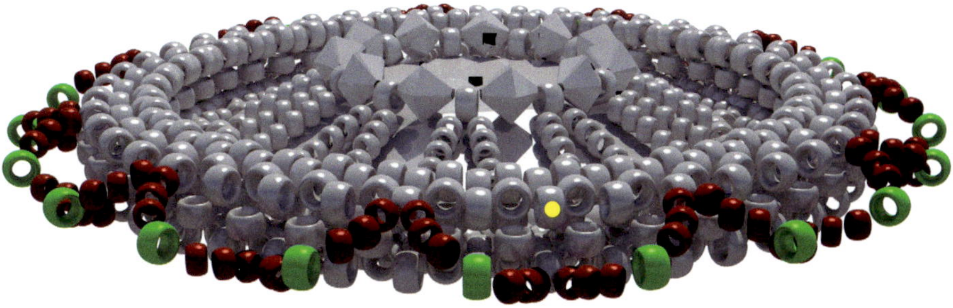

Grafik 10

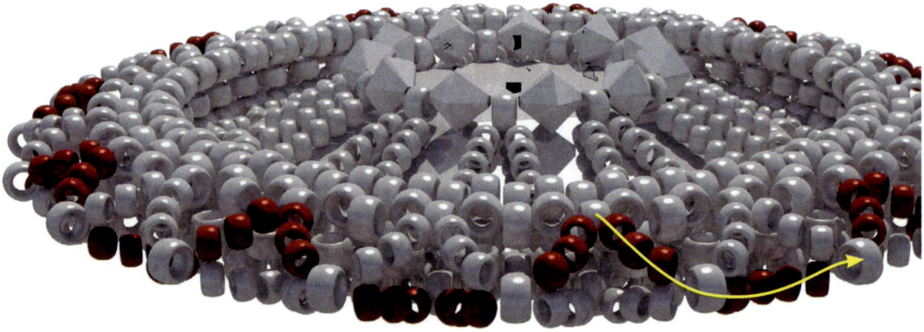

Grafik 10
* 3x 15/0 Perlen aufnehmen und durch die 11/0 Perle des Bogens fädeln. 3x 15/0 Perlen aufnehmen und durch die übernächste 11/0 Randperle auf der anderen Seite fädeln. Ab * noch 21 weitere Male wiederholen; die Fädellöcher der in Grafik 10 hinzugefügten 11/0 Perlen liegen alle parallel zum Rand (siehe Grafik). Am Ende kommt die Nadel aus einer 11/0 Randperle (an der der Schritt aus Grafik 9 begann) heraus.

Grafik 11

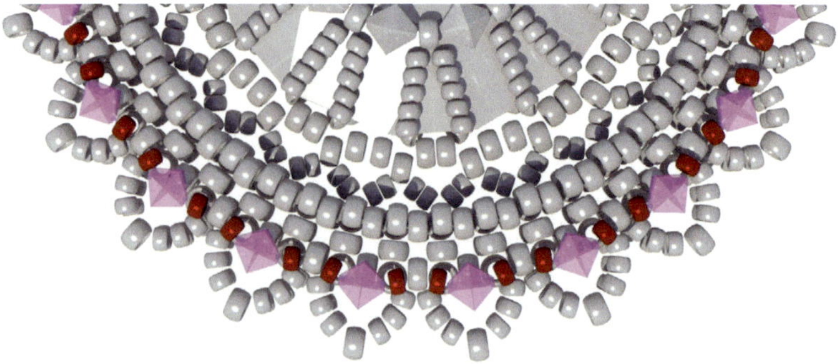

Grafik 11
* 1x 15/0 Perle, 1x Doppelkegel 3 mm und 1x 15/0 Perle aufnehmen und durch die übernächste 11/0 Randperle fädeln. Ab * noch 21 weitere Male wiederholen; am Ende so vorfädeln, dass die Nadel aus einer in Grafik 9 hinzugefügten 11/0 Perle herauskommt.

Grafik 12

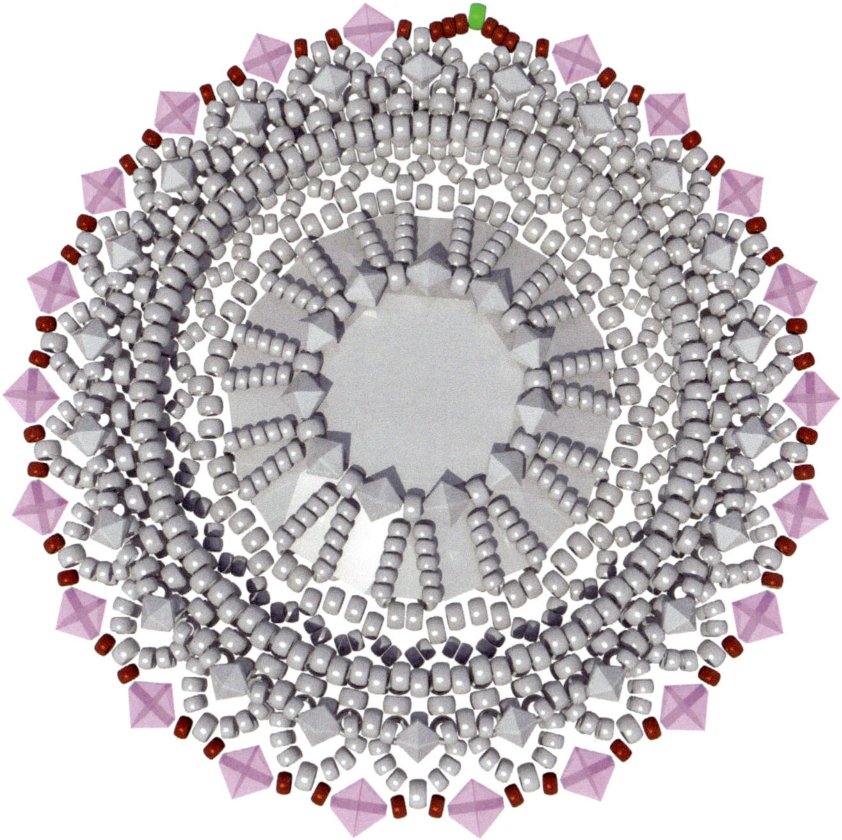

Grafik 12

3x 15/0, 1x 11/0 und 3x 15/0 Perlen (Aufhängeöse) aufnehmen und durch die nächste 11/0 Bogenperle fädeln.
* 1x 15/0 Perle, 1x Doppelkegel 4 mm und 1x 15/0 Perle aufnehmen und durch die nächste 11/0 Bogenperle fädeln. Ab * noch 20 weitere Male wiederholen.
Nochmals durch die Perlen der Aufhängeöse fädeln, wenden und nochmals die Öse verstärken.
Hinweis: Wenn beim zweiten Durchfädeln einmal die 11/0 Perle ausgelassen wird, wird die Form der Öse besser definiert.

Spiky Harachte

Spikes - man liebt sie, oder man kann sie gar nicht leiden!
Ich liebe sie und daher war auch mein allererster Harachte Prototyp mit Spikes verziert und hier gibts die Zusatzanleitung für die Spiky Harachte!

Material
Siehe Materialliste der originalen Anleitung, abzüglich der Doppelkegel 3 mm und nur 11 St. der Doppelkegel 4 mm. Zusätzlich: 22 St. Spikes, 5x8 mm.

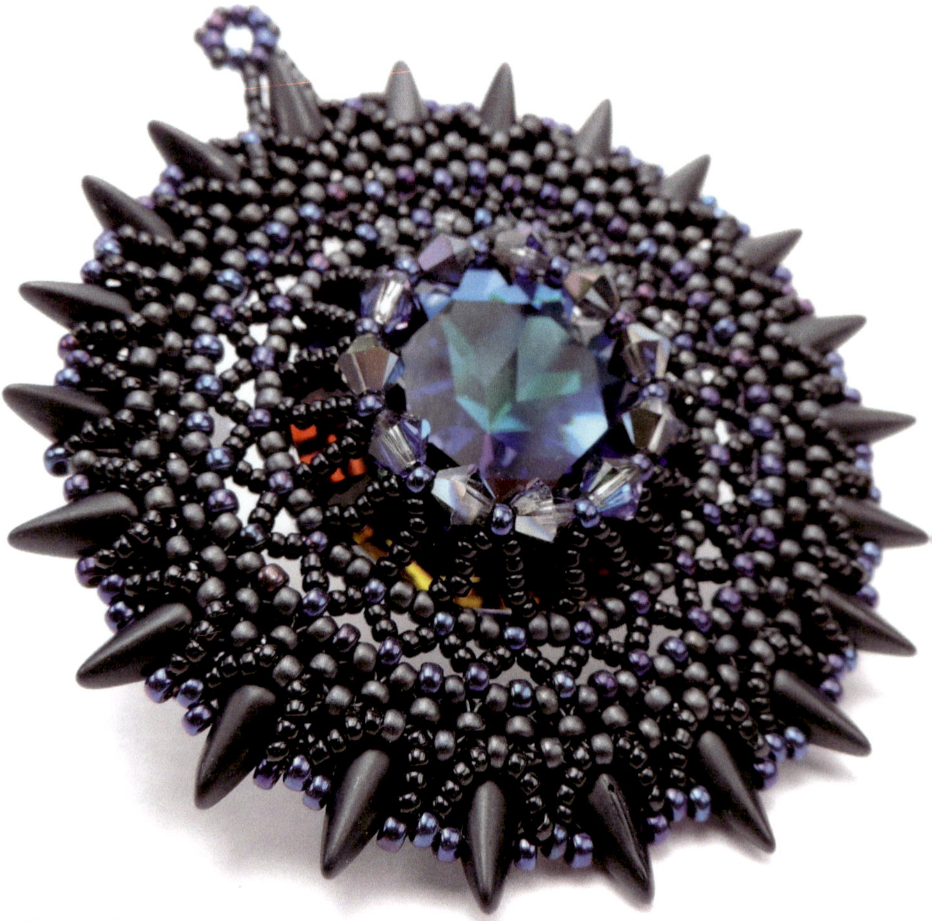

Ohne Grafik
Die Schritte der Grafiken 1 bis 8 arbeiten.

Grafik 1

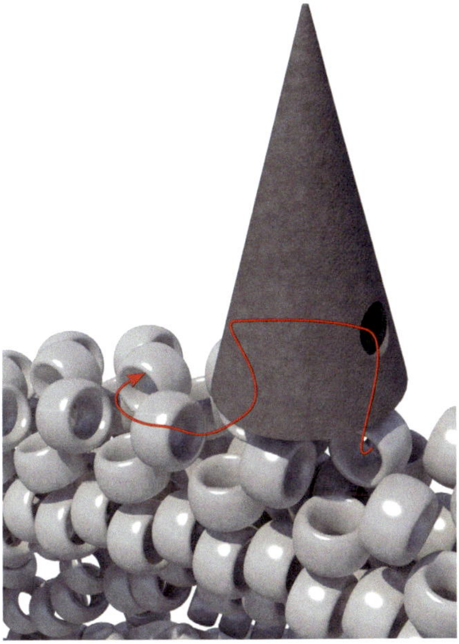

Grafik 1
Mit der Nadel aus einer 11/0 Perle in der Mitte der Außenkante kommend 1x Spike aufnehmen und durch die nächste 11/0 Perle in der Mitte der Außenkante fädeln. Zurück durch die Spike und in gleicher Richtung durch die Perle fädeln, aus der der Faden kommt. Nochmal durch die Spike und die zweite 11/0 Perle fädeln. Zur nächsten 11/0 Perle in der Mitte der Außenkante vorfädeln. Hinweis: Es ist nur das Ende des Fadenlaufs dargestellt.

Die ganze Runde mit Spikes verzieren.

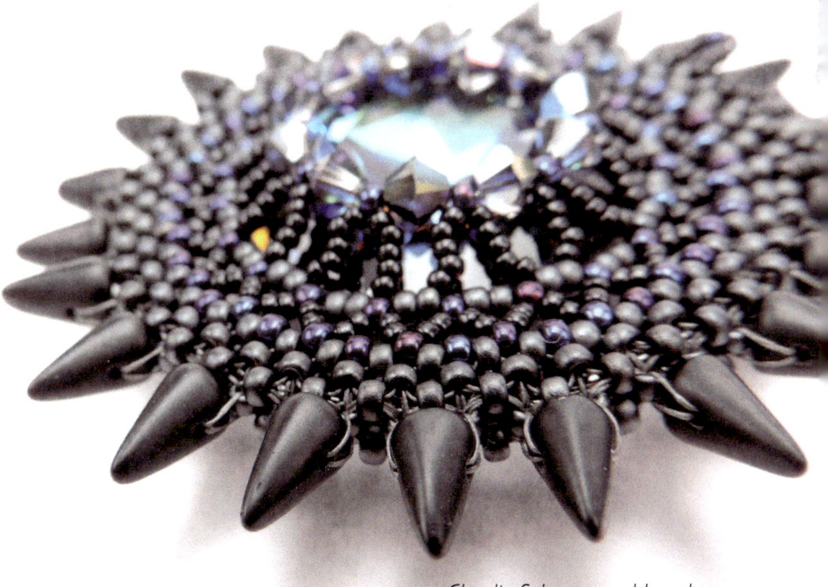

Grafik 2

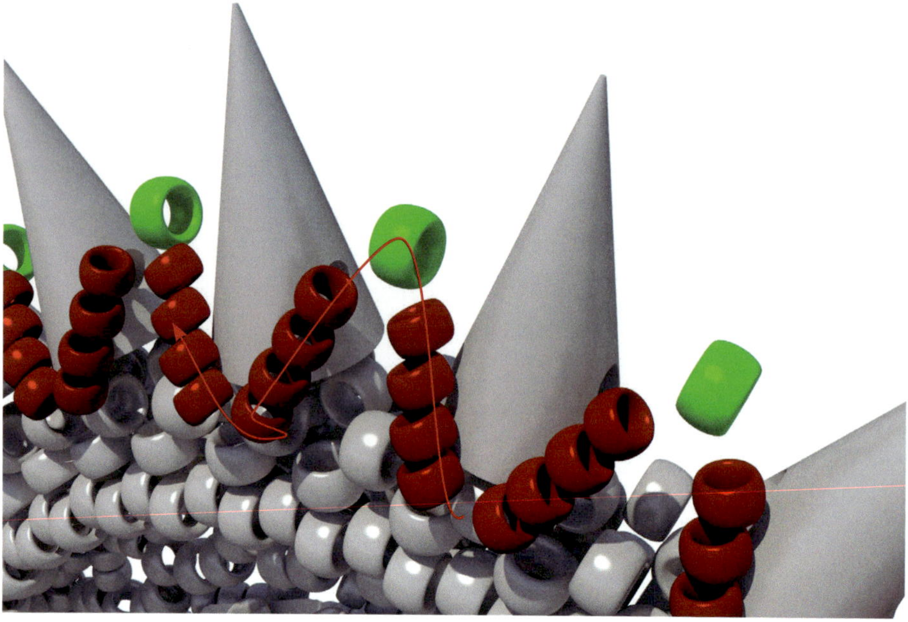

Grafik 2

Mit der Nadel aus einer 11/0 Perle an der Kante, unterhalb einer Spike, kommend * 4x 15/0, 1x 11/0 und 4x 15/0 Perlen aufnehmen und durch die übernächste 11/0 Perle an der Kante fädeln. Ab * die Runde herum wiederholen und dann zur anderen Kante vorfädeln.

Hinweis: Den Faden nicht zu fest anziehen, die 11/0 Perle soll nach der zweiten Runde zwischen den Spikes sitzen.

Grafik 3

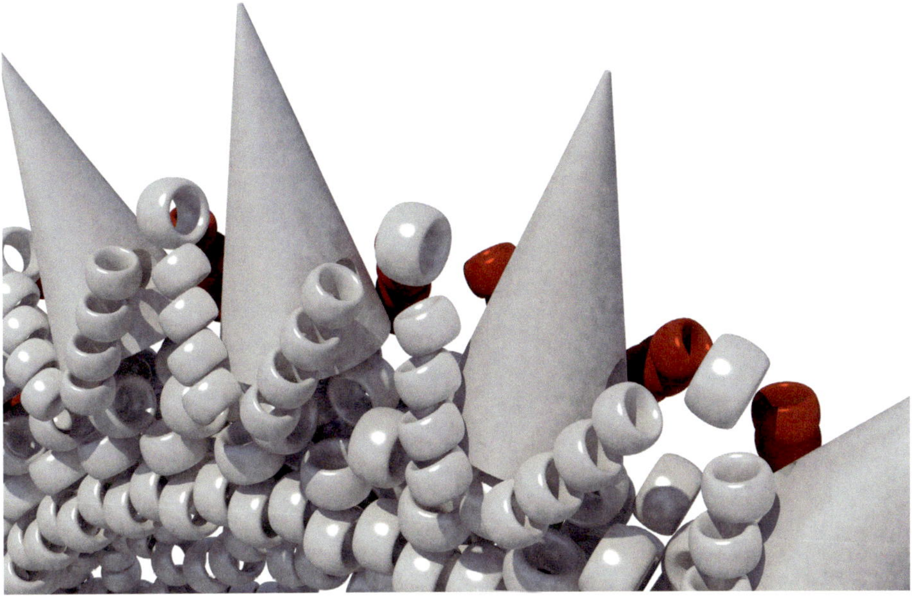

Grafik 3
Auf der anderen Seite werden nur noch die fehlenden Gruppen aus 4x 15/0 Saatperlen hinzugefügt. Am Ende so vorfädeln, dass die Nadel aus einer Spike herauskommt.

Grafik 4

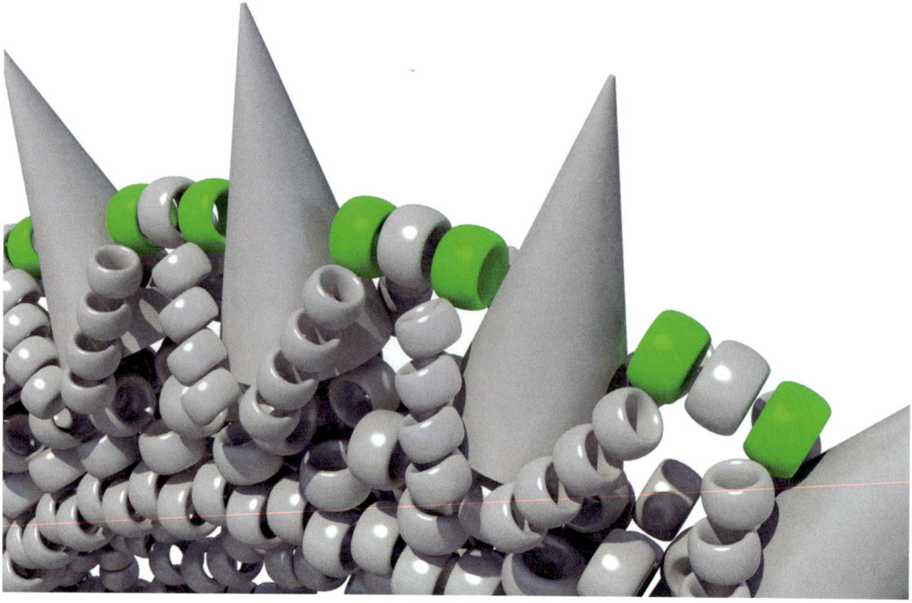

Grafik 4

* 1x 11/0 Perle aufnehmen und durch die in Grafik 2 hinzugefügte 11/0 Perle fädeln, 1x 11/0 Perle aufnehmen und durch die nächste Spike fädeln. Ab * die Runde herum wiederholen.

Grafik 5

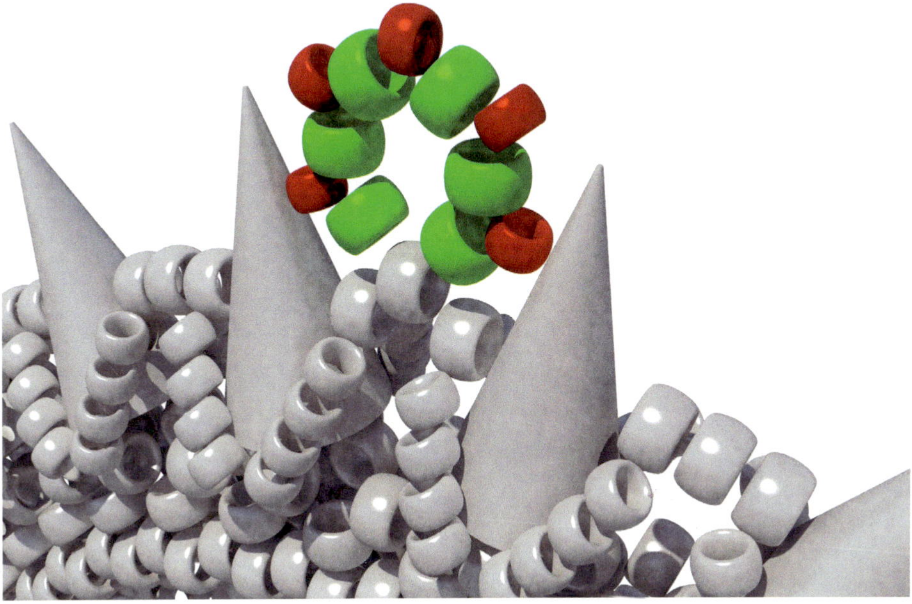

Grafik 5

Mit der Nadel aus einer in Grafik 2 hinzugefügten 11/0 Perle kommend 6x 11/0 Perle aufnehmen und durch die Perle fädeln, aus der der Faden kommt. Durch die zuerst hinzugefügte 11/0 Perle vorfädeln, * 1x 15/0 Perle aufnehmen und durch die nächste 11/0 Perle fädeln. Ab * noch vier weitere Male wiederholen und nochmals durch die Perlen der Öse fädeln.

Basisanleitung Cubic-Right-Angle-Weave (CRAW)

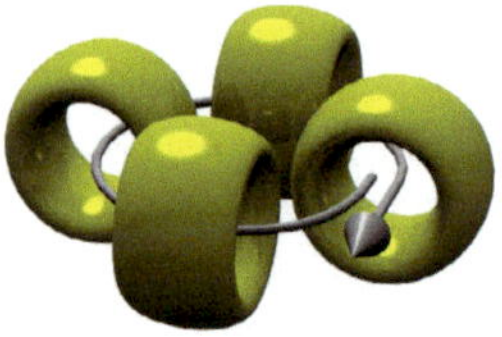

Schritt 1
Zuerst werden 4 Perlen (Bodenperlen) aufgenommen und zum Basiskreis geschlossen.

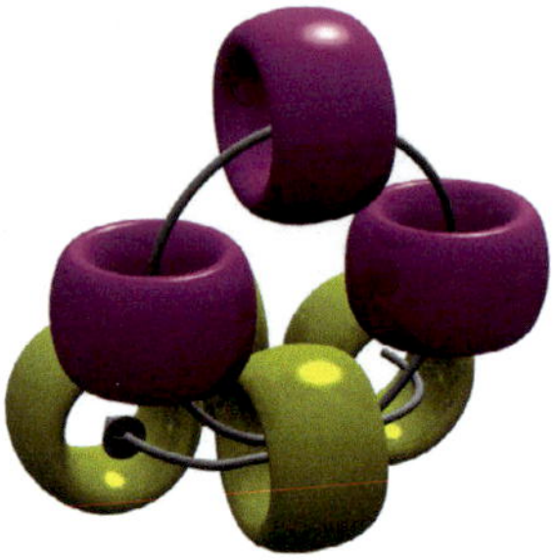

Schritt 2
Nun werden 3 Perlen (Seitenperlen) aufgenommen und die Nadel durch die Perle, aus der der Faden kommt, und die nächste Perle des Basiskreises geführt.

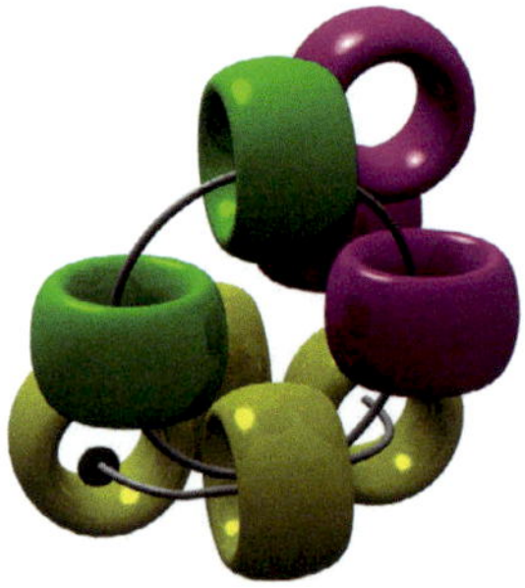

Schritt 3
Es werden 2 Perlen (Seitenperlen) aufgenommen und durch die im letzten Schritt als erstes aufgenommene Perle sowie die beiden folgenden Perlen des Basiskreises gefädelt.

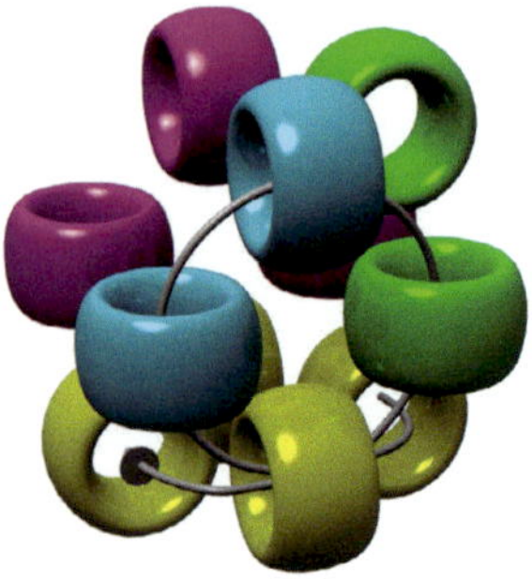

Schritt 4
Es werden wieder 2 Perlen (Seitenperlen) aufgenommen und die Nadel durch die im letzten Schritt zuerst hinzugefügte Perle sowie die nächsten beiden Perlen des Basiskreises geführt.

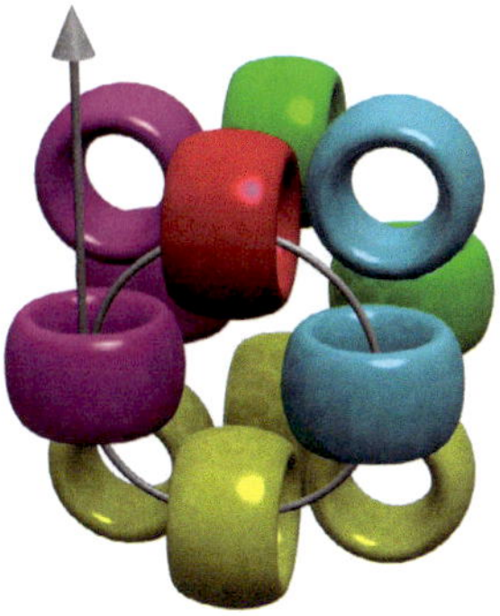

Schritt 5
Durch die in Schritt 2 zuletzt hinzugefügte Perle nach oben vorfädeln. Es wird 1 Perle (Seitenperle) aufgenommen und durch die im letzten Schritt zuerst hinzugefügte Perle, die nächste Perle des Basiskreises und die in Schritt zwei zuletzt hinzugefügte Perle gefädelt.

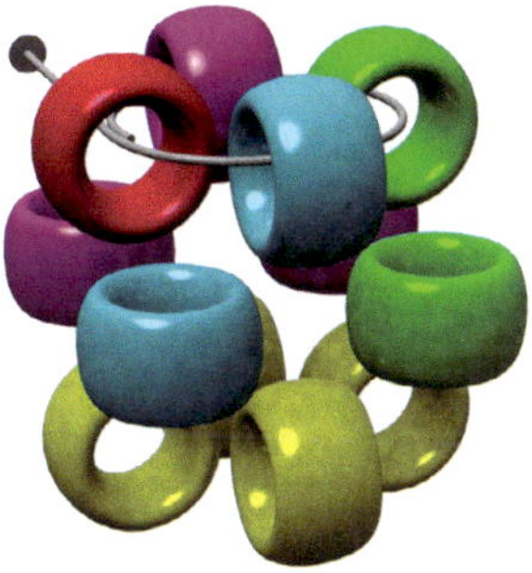

Schritt 6
Es wird durch alle vier oben liegenden Perlen (Dachperlen) gefädelt und diese so miteinander verbunden.
Dies ist die erste Einheit im Cubic-RAW; diese kann nun zu jeder Seite erweitert werden (dazu einfach die Schritte 2 bis 6 wiederholen).

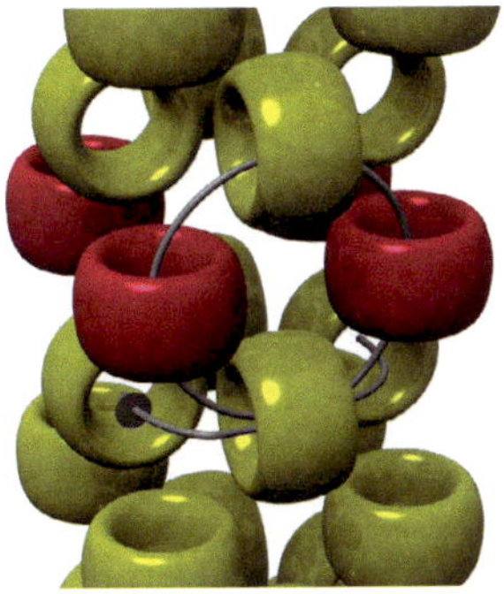

Verbinden von Cubic-RAW
Sollen zwei Stränge miteinander verbunden werden, so werden nur noch die rot eingefärbten Perlen hinzugefügt.

Farbvariante
Rivoli: Mint Opal
Doppelkegel 4 mm: Crystal Aurum
11/0 Saatperlen: #0305 Montana Blue, #0435 Aqua, #4204 Champagner
15/0 Saatperlen: #4204 Champagner
Spikes: Gold matted

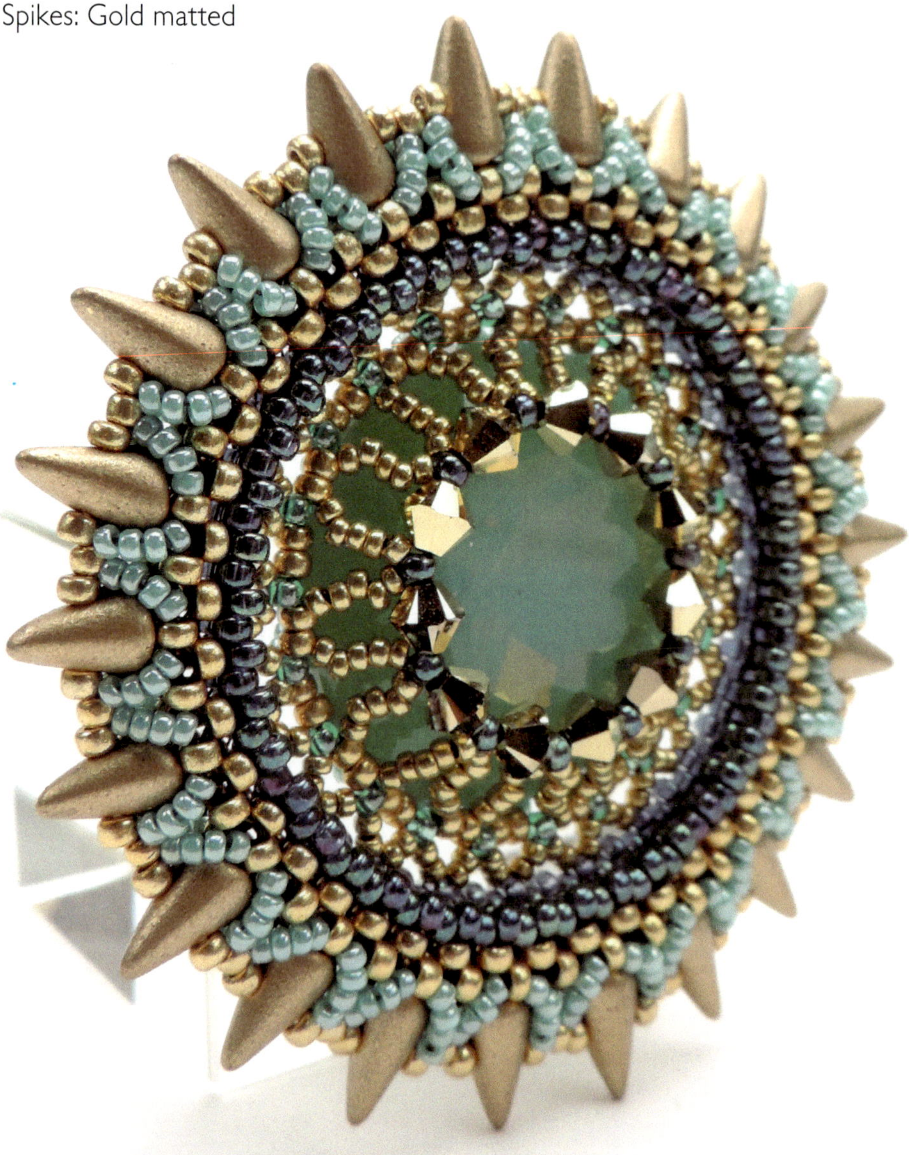